Impressum
Verlag: BABADADA GmbH, Nedderfeld 112 , 22529 Hamburg
Geschäftsführer / Verlagsleitung: Harald Hof
Druck: Books on Demand GmbH, In de Tarpen 42, 22848 Norderstedt

Imprint
Publisher: BABADADA GmbH, Nedderfeld 112 , 22529 Hamburg, Germany
Managing Director / Publishing direction: Harald Hof
Print: Books on Demand GmbH, In de Tarpen 42, 22848 Norderstedt, Germany

škola
baba

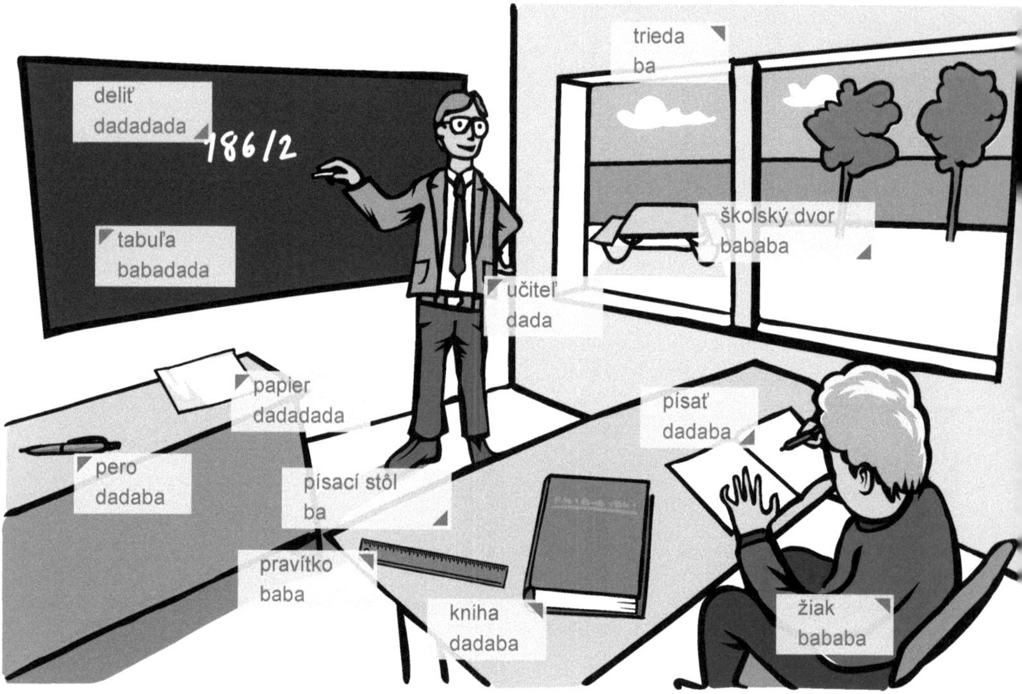
trieda
ba
deliť
dadadada
186/2
tabuľa
babadada
školský dvor
bababa
učiteľ
dada
papier
dadadada
písať
dadaba
pero
dadaba
písací stôl
ba
pravítko
baba
kniha
dadaba
žiak
bababa

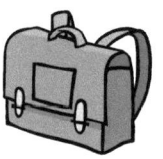

školská taška
....
dadaba

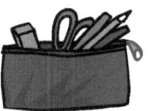

peračník
....
dada

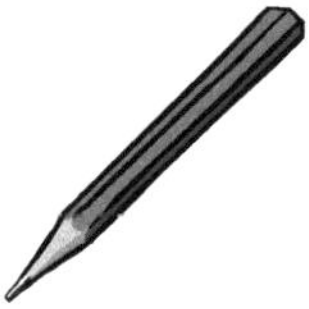

ceruza
....
bababa

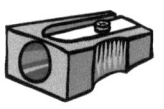

strúhadlo na ceruzky
....
dadaba

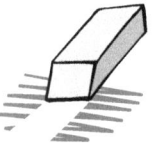

guma
....
baba

skicár
....
ba

kresba

bababa

štetec

ba

vodové farby

dada

nožnice

babadada

lepidlo

dadaba

cvičný zošit

dadadada

domáca úloha

babadada

12

číslo

bababa

2+2

sčítať

dadaba

5-2

odčítať

bababa

2×2

násobiť

badada

počítať

dadababa

A

písmeno

babababa

ABCDEFG
HIJKLMN
OPQRSTU
VWXYZ

abeceda

babababa

slovo

dada

text
babadada

čítať
dadadada

krieda
dada

hodina
babababa

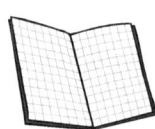

triedna kniha
ba

skúška
baba

certifikát
babababa

školská uniforma
babadada

vzdelanie
babababa

encyklopédia
dadababa

univerzita
babababa

mikroskop
dadababa

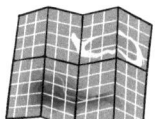

mapa
bababa

kôš na papier
babadada

cesta
baba

Grand
hotel
babadada
nocľaháreň
dadaba
ROOMS
EXCHANGE
zmenáreň
dadadada
kufor
dada
auto
ado

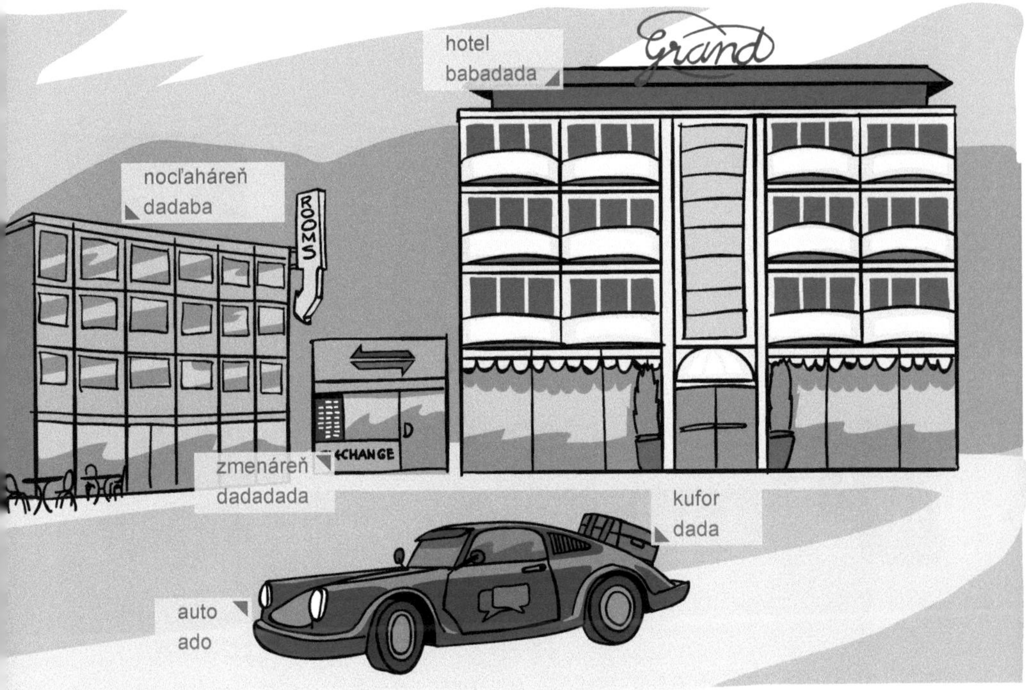

jazyk
dadadada

áno/nie
da / meh

v poriadku
Oh

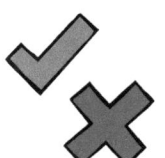

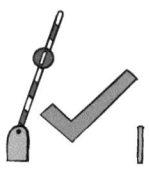

ahoj
ba

prekladateľ
dada

ďakujem
dada

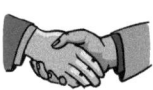

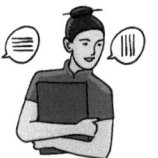

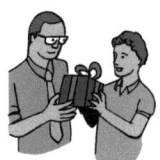

Koľko stojí ... ?

babababa

Nerozumiem

ah

problém

dadaba

Dobrý večer!

ba dada

Dobré ráno!

babadada

Dobrú noc!

heia!

Dovidenia

dadaba

smer

badada

batožina

dada

taška

babababa

batoh

babababa

hosť

baba

izba

dadadada

spacák

dadadada

stan

dada

informácie pre turistov

dadadada

pláž

badada

kreditná karta

babadada

raňajky

dadababa

obed

baba

večera

bababa

cestovný lístok

dada

výťah

dada

poštová známka

babadada

hranica

badada

clo

dadaba

veľvyslanectvo

babadada

vízum

dadaba

cestovný pas

dada da da da

doprava
dadadada

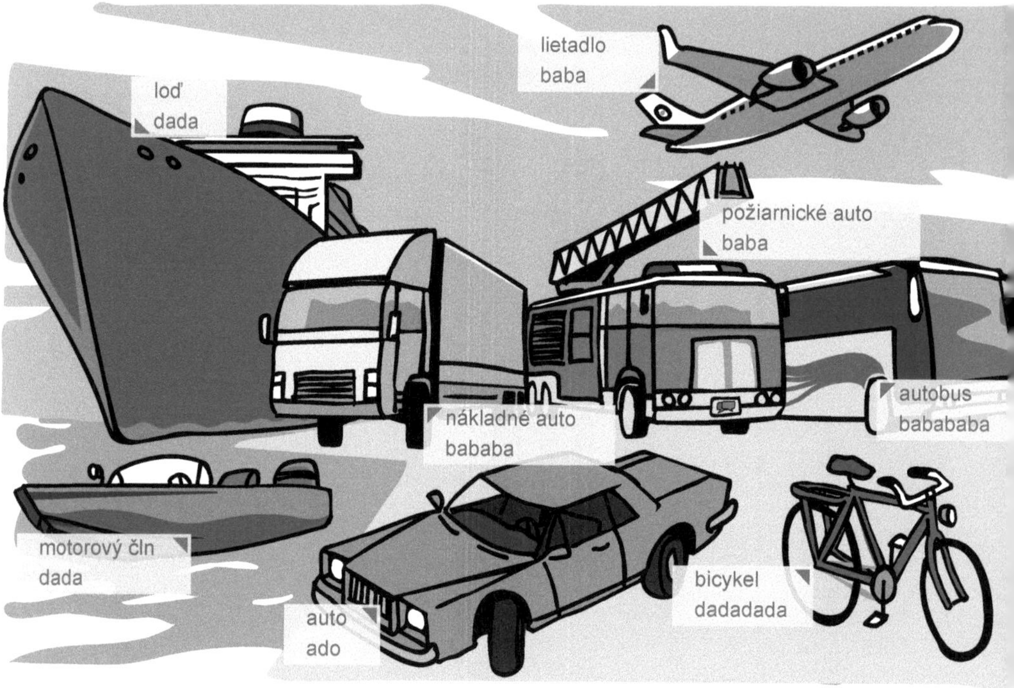

lietadlo
baba
loď
dada
požiarnické auto
baba
autobus
bababababa
nákladné auto
bababa
motorový čln
dada
bicykel
dadadada
auto
ado

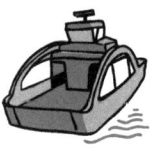

trajekt
babadada

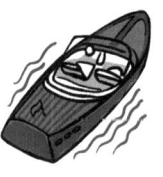

loď
baba

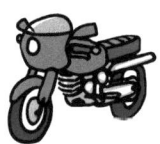

motorka
bababa

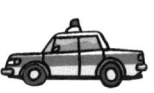

policajné auto
ado

pretekárske auto
ado

vozidlo z požičovne
auto

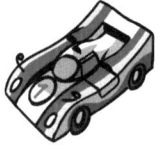

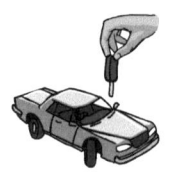

carsharing
dada

odťahové auto
ado

smetiarske auto
ado

motor
brumbrum!

benzín
bababa

čerpacia stanica
dada

dopravná značka
dadaba

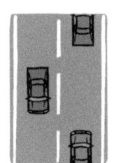

premávka
badada

zápcha
ado ado

parkovisko
babadada

vlaková stanica
babababa

trate
dada

vlak
dadaba

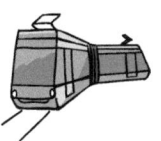

električka
baba

vagón
dadaba

helikoptéra

baba

letisko

baba

veža

dadaba

pasažier

baba

kontajner

badada

kartón

dada

vozík

baba

kôš

dadadada

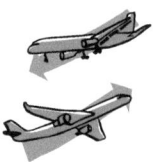

štartovať / pristáť

da / bada

mesto
dadaba

dedina

bababa

centrum mesta

dadababa

dom

dadaba

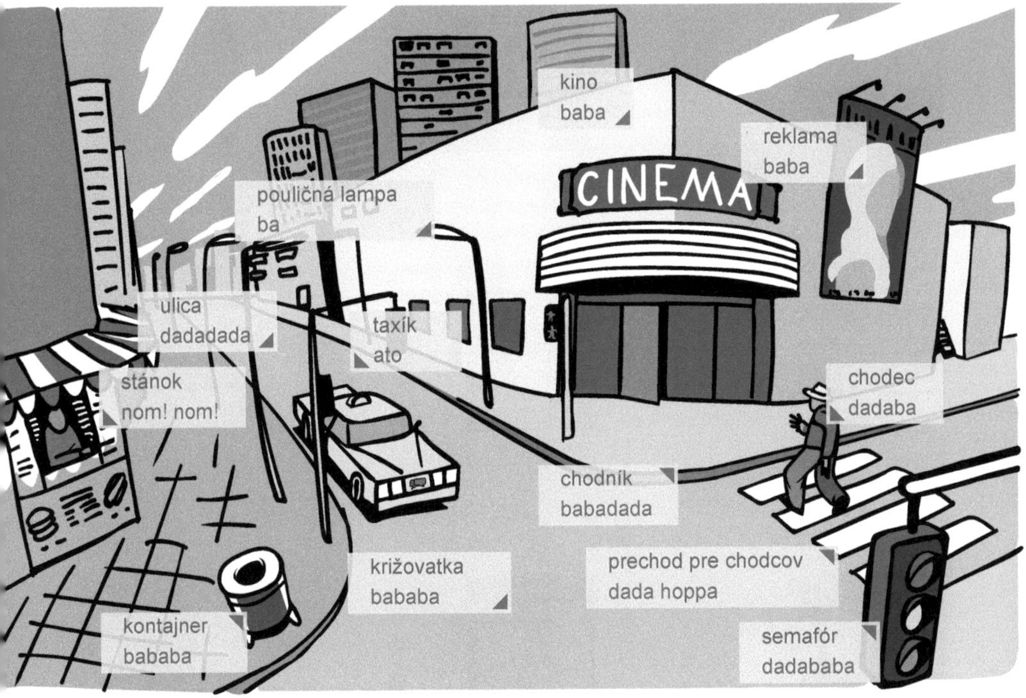

kino
baba
reklama
baba
CINEMA
pouličná lampa
ba
ulica
dadadada
taxík
ato
stánok
nom! nom!
chodec
dadaba
chodník
babadada
križovatka
bababa
prechod pre chodcov
dada hoppa
kontajner
bababa
semafór
dadababa

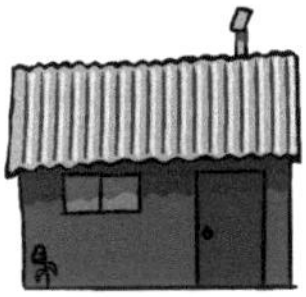

chata

babadada

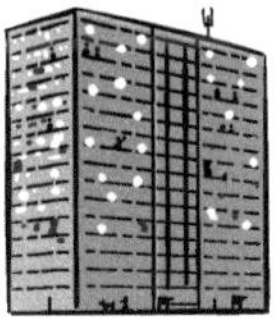

byt

dadadada

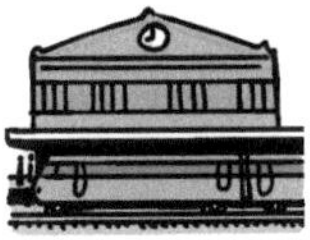

vlaková stanica

babababa

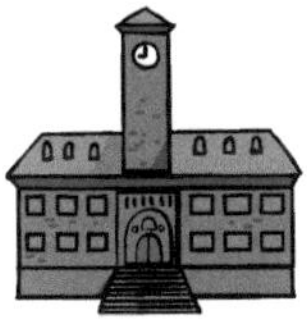

radnica

dadaba

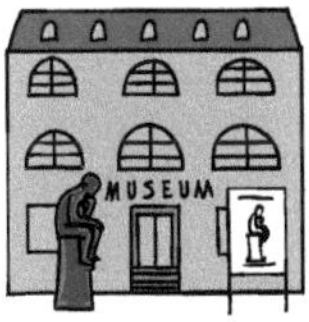

MUSEUM

múzeum

bababa

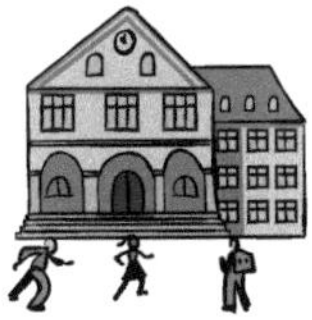

škola

baba

univerzita

babababa

banka

dadadada

nemocnica

aua!

hotel

babadada

lekáreň

aua!

kancelária

baba

kníhkupectvo

bababa

obchod

ba

kvetinárstvo

dadaba

supermarket

dada nom nom

trh

dadadada

obchodný dom

dadadada

obchodník s rybami

nom! nom!

nákupné stredisko

baba

prístav

ba

mesto - dadaba

park
dadadada

lavička
baba

most
babababa

schody
dadadada

metro
bababa

tunel
baba

autobusová zastávka
ba

bar
babababa

reštaurácia
nom nom!

poštová schránka
dadaba

tabuľa s názvom ulice
dada

parkovacie hodiny
baba

ZOO
bababa

plaváreň
dada

mešita
baba

farma
dadaba

znečisťovanie životného prostredia
dadababa

cintorín
bababa

kostol
ba

ihrisko
dadababa

chrám
bababa

terén

dada

list
baba

smerová tabuľa
baba

cesta
dada

lúka
bababa

kameň
baba

turista
dada

strom
dadababa

rieka
bababa

tráva
dada

kvet
mama!

dolina

badada

kopec

bababa

jazero

dadadada

les

dadadada

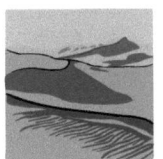

púšť

dadababa

vulkán

dadaba

zámok

babababa

dúha

dadaba

hríb

bababa

palma

dadababa

komár

aua!

mucha

badada

mravec

dadababa

včela

summ summ

pavúk

dada

terén - dada

15

chrobák

dadaba

žaba

quak

veverička

dadababa

jež

dadaba

zajac

baba

sova

gackgack

vták

gackgack

labuť

gackgack

diviak

babadada

jeleň

dadadada

los

dadadada

hrádza

dadadada

veterná turbína

ba

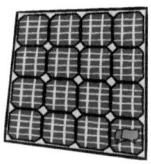

solárny panel

dadadada

podnebie

bababa

reštaurácia
nom nom!

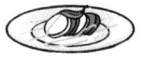

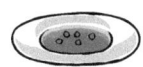

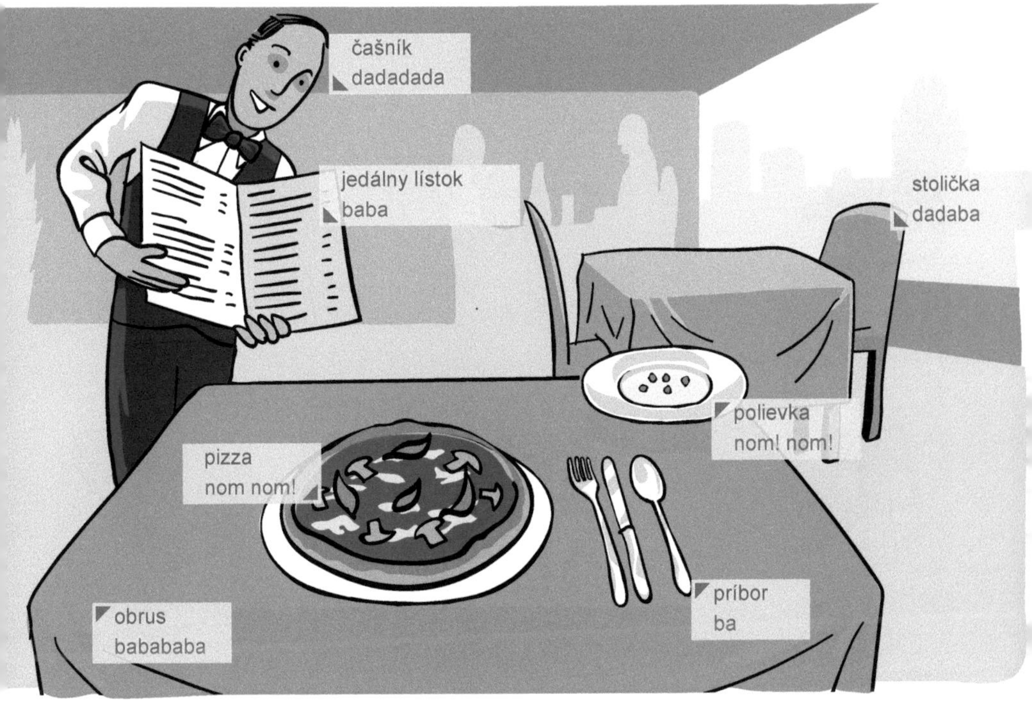
čašník
dadadada
jedálny lístok
baba
stolička
dadaba
polievka
nom! nom!
pizza
nom nom!
príbor
ba
obrus
babababa

predjedlo
....
nom! nom!

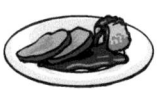

hlavné jedlo
....
nom! nom!

zákusok
....
nom nom!

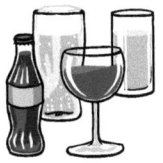

nápoje
....
dadababa

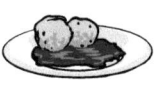

jedlo
....
nom nom!

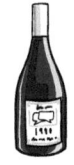

fľaša
....
nom nom!

fast-food

nom! nom!

street food

nom! nom!

kanvica na čaj

babababa

cukornička

nom! nom!

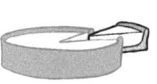

porcia

nom nom!

stroj na espresso

dadaba

detská stolička

bababa

účet

ba

podnos

bababa

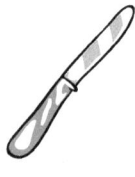

nôž

ba

vidlička

babadada

lyžica

dadaba

čajová lyžička

bababa

obrúsok

dadaba

pohár

ba

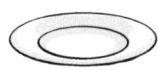

tanier
nom nom!

hlboký tanier
bababa

podšálka
bababa

omáčka
nom! nom!

soľnička
dadadada

mlynček na korenie
dadaba

ocot
bähbäh

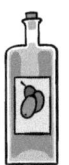

olej
dadababa

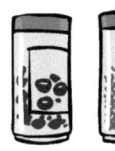

korenie
dadababa

kečup
nom! nom!

horčica
nom! nom!

majonéza
nom nom!

supermarket
dada nom nom

špeciálna ponuka
dadababa
klient
dadaba
mliečne výrobky
dadaba
ovocie
nom nom!
nákupný vozík
baba
FOR

BUTCHERS

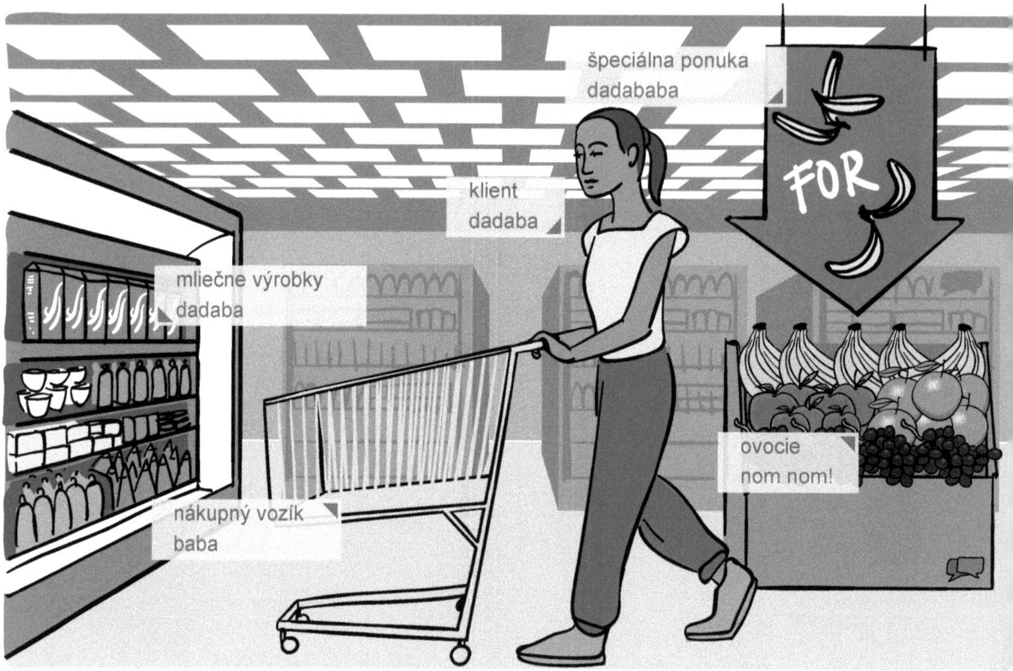

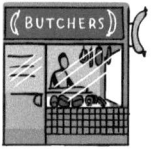

mäsiarstvo
dadaba

BAKERY

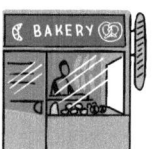

pekáreň
nom! nom!

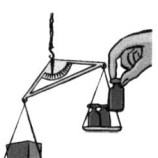

vážiť
bababa

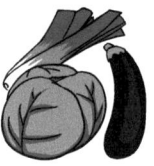

zelenina
bähbäh

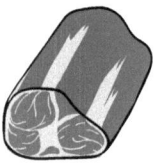

mäso
nom nom!

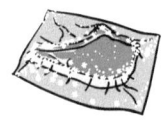

mrazené potraviny
nomnom

nárez
....
nom nom!

konzervy
....
nomnom

prací prostriedok
....
bababa

sladkosti
....
baba

domáce potreby
....
dadaba

čistiace prostriedky
....
dadababa

predavačka
....
bababa

pokladňa
....
bababa

pokladník
....
dadaba

nákupný zoznam
....
dada

otváracie hodiny
....
dadababa

peňaženka
....
baba

kreditná karta
....
babadada

taška
....
dadababa

plastové vrecko
....
dadababa

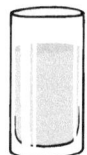

voda

wasa

džús

dadadada

mlieko

badada

kola

ba

víno

bababa

pivo

dadadada

alkohol

dadaba

kakao

bababa

čaj

dadababa

káva

dada

espresso

dadaba

kapučíno

dadababa

banán
....
nane

jablko
....
nom nom!

pomaranč
....
bababa

melón
....
nom nom!

citrón
....
nom nom!

mrkva
....
bähbäh

cesnak
....
bada meh

bambus
....
dadaba

cibuľa
....
dadaba

hríb
....
nom nom!

orechy
....
nom nom!

rezance
....
nom nom!

špagety

nom nom!

ryža

nom nom!

šalát

nom nom!

hranolky

nom nom!

pečené zemiaky

nom nom!

pizza

nom nom!

hamburger

nom nom!

obložený chlebík

nom nom!

rezeň

nom nom!

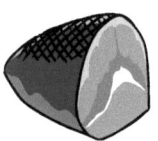

šunka

nom nom!

saláma

nom nom!

klobása

nom nom!

kurča

gack gack

pečené mäso

nom nom!

ryba

nom nom!

ovsené vločky

nom nom!

müsli

bähbäh

kukuričné lupienky

nom nom!

múka

nom nom!

croissant

nom nom!

pečivo

babadada

chlieb

nom! nom!

hrianka

nom nom!

sušienky

nom nom!

maslo

nom nom!

tvaroh

nom nom!

koláč

nom nom

vajce

dadaba

volské oko

nom nom!

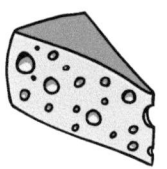

syr

bada muh

jedlo - nom nom!

zmrzlina

nom nom!

cukor

nom nom!

med

baba summ

lekvár

nom nom!

nugátová nátierka

nom nom!

karí korenie

babadada

farma
dadaba

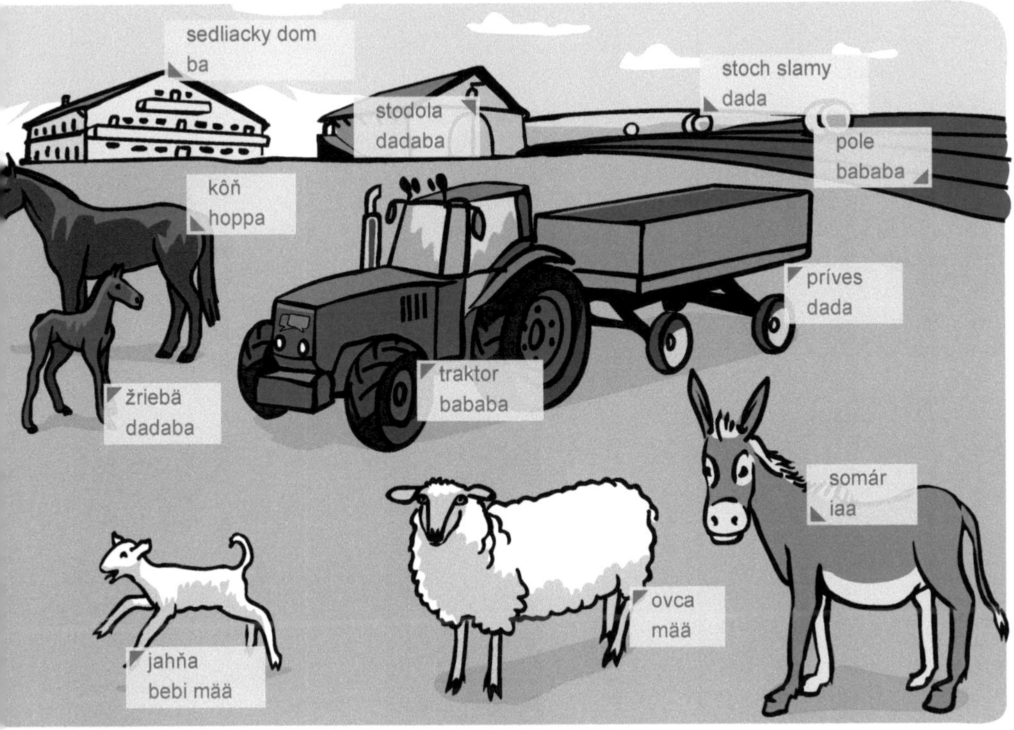
sedliacky dom
ba
stodola
dadaba
stoch slamy
dada
pole
bababa
kôň
hoppa
príves
dada
žriebä
dadaba
traktor
bababa
somár
iaa
ovca
mää
jahňa
bebi mää

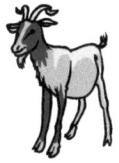

koza

baba

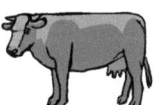

krava

muh

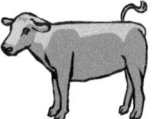

teľa

mimuh

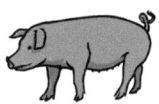

prasa

mama oink

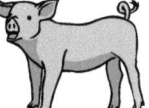

prasiatko

oink

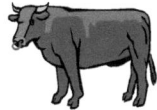

býk

dadadada

hus
gackgack

kačica
gackquack

kuriatko
gacki

sliepka
gackgack

kohút
gacko

potkan
dada

mačka
mau

myš
bababa

vôl
muh

pes
wauwau

psia búda
wauwau

záhradná hadica
baba

krhla
dadababa

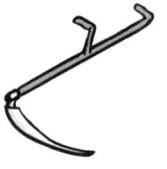

kosa
baba

pluh
dadababa

kosák
....
baba

motyka
....
dadadada

vidly na hnoj
....
dada

sekera
....
bababa

fúrik
....
bababab a

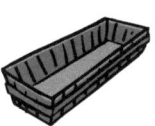

koryto
....
baba

kanva na mlieko
....
dada muh

vrece
....
dadababa

plot
....
badada

maštaľ
....
dadadada

skleník
....
ba

pôda
....
babadada

osivo
....
baba

hnojivo
....
baba

kombajn
....
dadababa

farma - dadaba

žať
bababa

žatva
dadadada

batát
dadaba

pšenica
dadababa

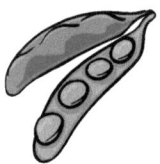

sója
dadababa

zemiak
bababa

kukurica
badada

repka
bababa

ovocný strom
bababa

maniok
dadadada

obilie
dadababa

dom
dadaba

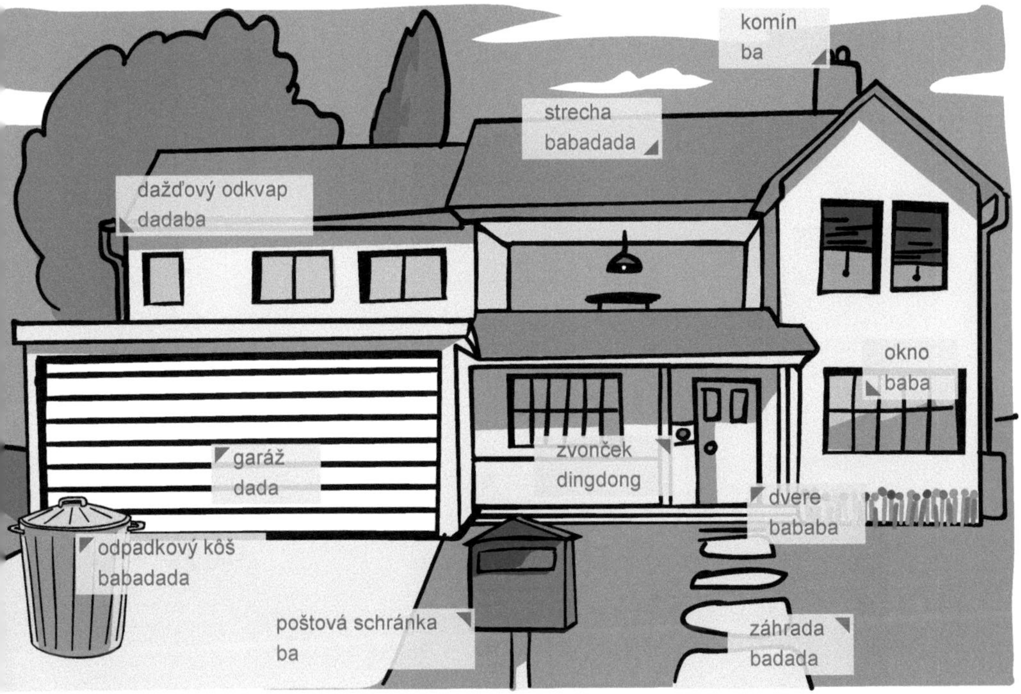
komín
ba
strecha
babadada
dažďový odkvap
dadaba
okno
baba
garáž
dada
zvonček
dingdong
dvere
bababa
odpadkový kôš
babadada
poštová schránka
ba
záhrada
badada

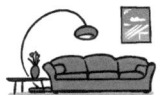

obývačka

dadadada

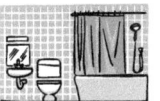

kúpeľňa

bababa

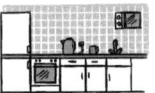

kuchyňa

bababa

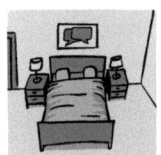

spálňa

dadababa

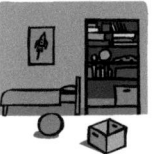

detská izba

meina

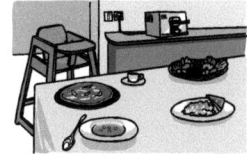

jedáleň

dadaba

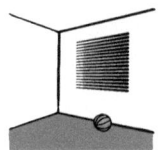

podlaha

badada

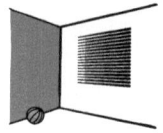

stena

dadababa

strop

bababa

pivnica

dada

sauna

dadababa

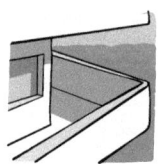

balkón

babababa

terasa

dadadada

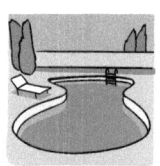

bazén

bababa

kosačka

baba

obliečka

dadaba

posteľná prikrývka

babadada

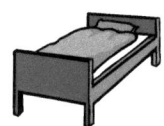

posteľ

heia!

metla

dada

vedro

dadaba

vypínač

dadababa

obývačka
dadadada

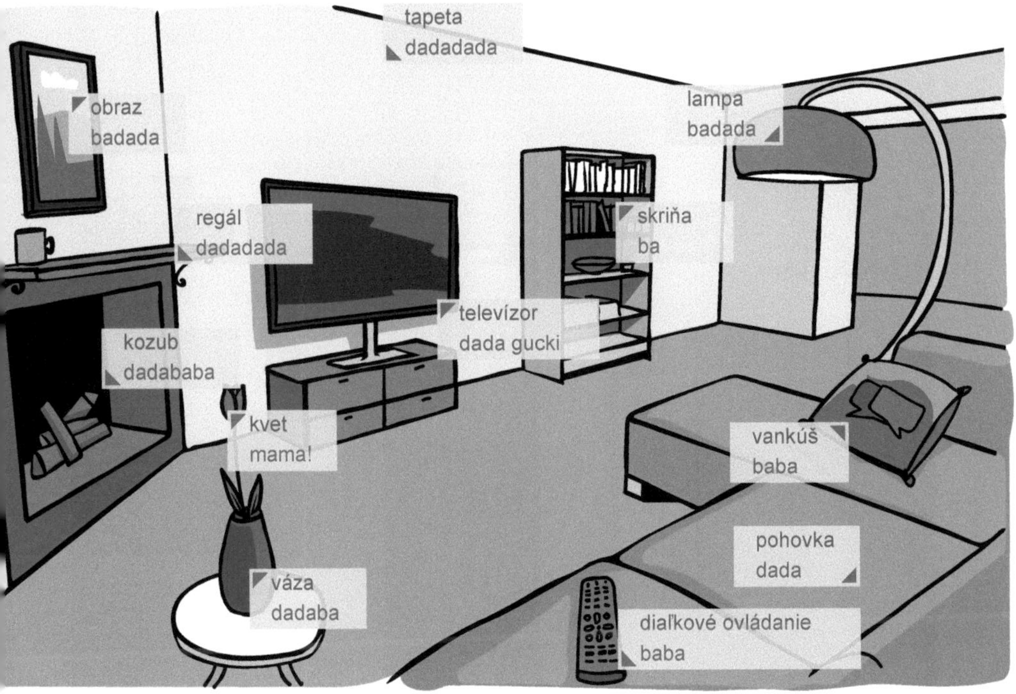

tapeta
dadadada
obraz
badada
lampa
badada
regál
dadadada
skriňa
ba
televízor
dada gucki
kozub
dadababa
kvet
mama!
vankúš
baba
pohovka
dada
váza
dadaba
diaľkové ovládanie
baba

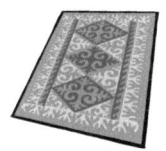

koberec	záclona	stôl
dada	bababa	ba
stolička	hojdacie kreslo	kreslo
dadaba	dadadada	bababa

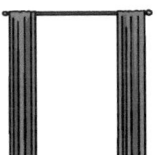

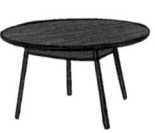

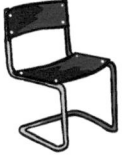

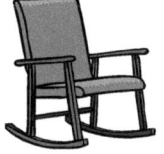

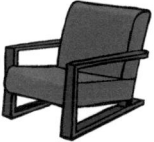

kniha

dadaba

prikrývka

dadadada

dekorácia

dadaba

drevo na kúrenie

ba

film

dadadada

hi-fi veža

lala

kľúč

babadada

noviny

dadadada

maľba

dadadada

plagát

bababa

rádio

lala

zápisník

dadababa

vysávač

babadada

kaktus

aua!

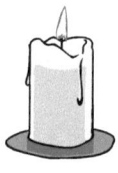

sviečka

babadada

kuchyňa
bababa

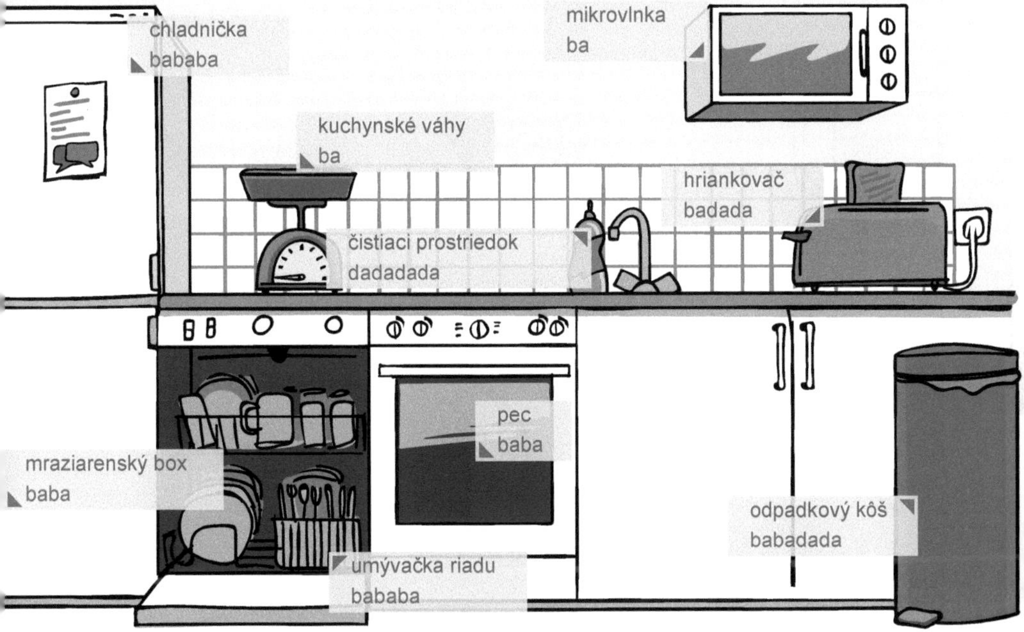

chladnička
bababa
mikrovlnka
ba
kuchynské váhy
ba
hriankovač
badada
čistiaci prostriedok
dadadada
pec
baba
mraziarenský box
baba
odpadkový kôš
babadada
umývačka riadu
bababa

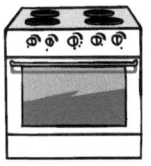

sporák

dada

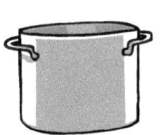

hrniec

dada

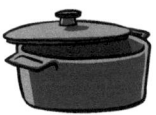

železný hrniec

dada

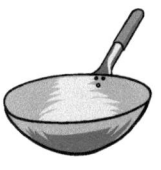

wok / kadai

baba / dada

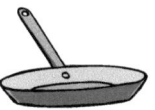

panvica

badada

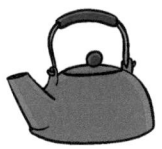

rýchlovarná kanvica

ba

parný hrniec
dadababa

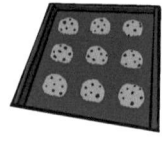

plech na pečenie
bababa

riad
dadaba

pohár
dadadada

misa
dadaba

paličky
baba

naberačka na polievku
dadaba

stierka
dadadada

metlička
badada

cedidlo
dada

sitko
bababa

strúhadlo
baba

mažiar
dadababa

gril
dada

ohnisko
aua!

doska na krájanie

dadababa

valček na cesto

babababa

vývrtka

dadababa

konzerva

dadadada

otvárač na konzervy

bababa

chňapka

dadababa

výlevka

dadadada

kefa

dadababa

hubka

ba

mixér

aua!

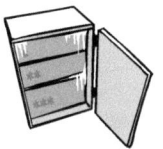

mraznička

babadada

kojenecká fľaša

bababa

vodovodný kohútik

dadadada

kuchyňa - bababa

kúpeľňa
bababa

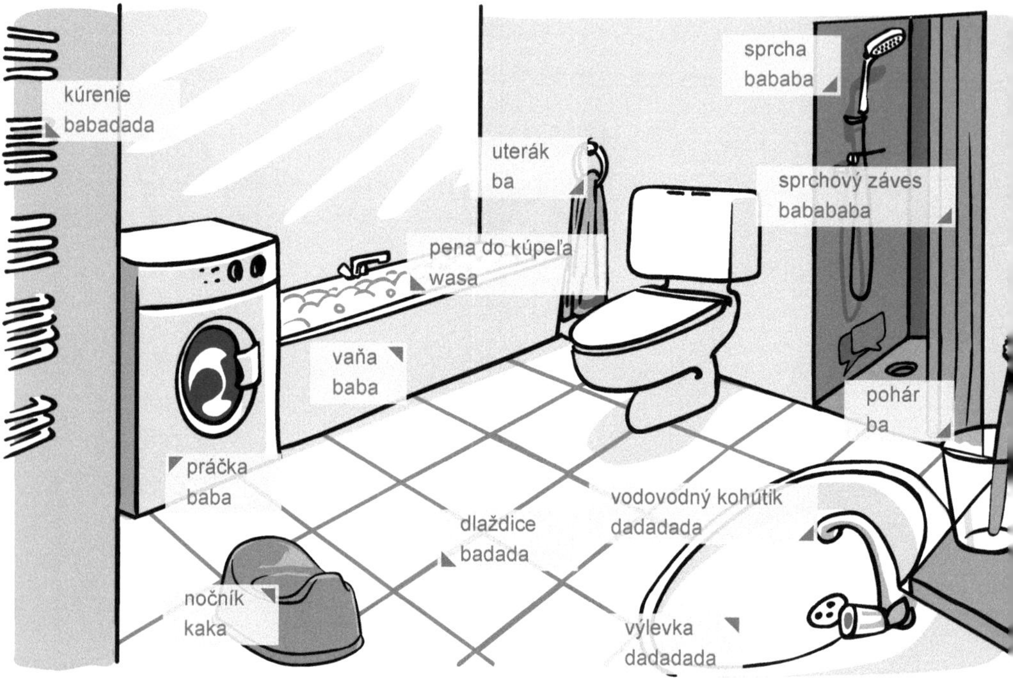

kúrenie
babadada

sprcha
bababa

uterák
ba

sprchový záves
babababa

pena do kúpeľa
wasa

vaňa
baba

pohár
ba

práčka
baba

vodovodný kohútik
dadadada

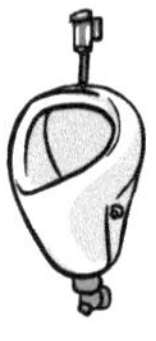

dlaždice
badada

nočník
kaka

výlevka
dadadada

záchod	suchý záchod	bidet
kaka	ba	dadababa
pisoár	toaletný papier	záchodová kefa
dadababa	kaka	bababa

zubná kefka

bababa

zubná pasta

nom! nom!

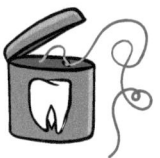

dentálna niť

dadadada

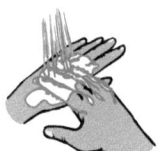

umývať

bababa

ručná sprcha

babababa

sprcha pre intímnu hygienu

dadadada

umývadlo

badada

kefa na chrbát

dadadada

mydlo

nom! nom!

sprchový gél

nom! nom!

šampón

nom! nom!

frotírová rukavica

babadada

odtok

dadaba

krém

nom! nom!

dezodorant

babababa

zrkadlo

dadadada

kozmetické zrkadlo

dadadada

žiletka

ba

pena na holenie

nom! nom!

voda po holení

nam! nam!

hrebeň

dadababa

kefa

baba

sušič vlasov

dadadada

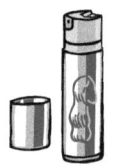

sprej na vlasy

badada

make-up

dadaba

rúž

mama!

lak na nechty

ba

vata

bababa

nožnice na nechty

dadadada

parfum

bababa

kozmetická taška

dadadada

stolček

bababa

váha

dadadada

kúpací plášť

ba

gumové rukavice

babababa

tampón

ba

menštruačná vložka

bababa

chemické WC

baba

detská izba
meina

budík
bababa
plyšová hračka
bababa
hračkárske auto
auto
hrkálka
dadadada
domček pre bábiky
bababa
dar
babababa

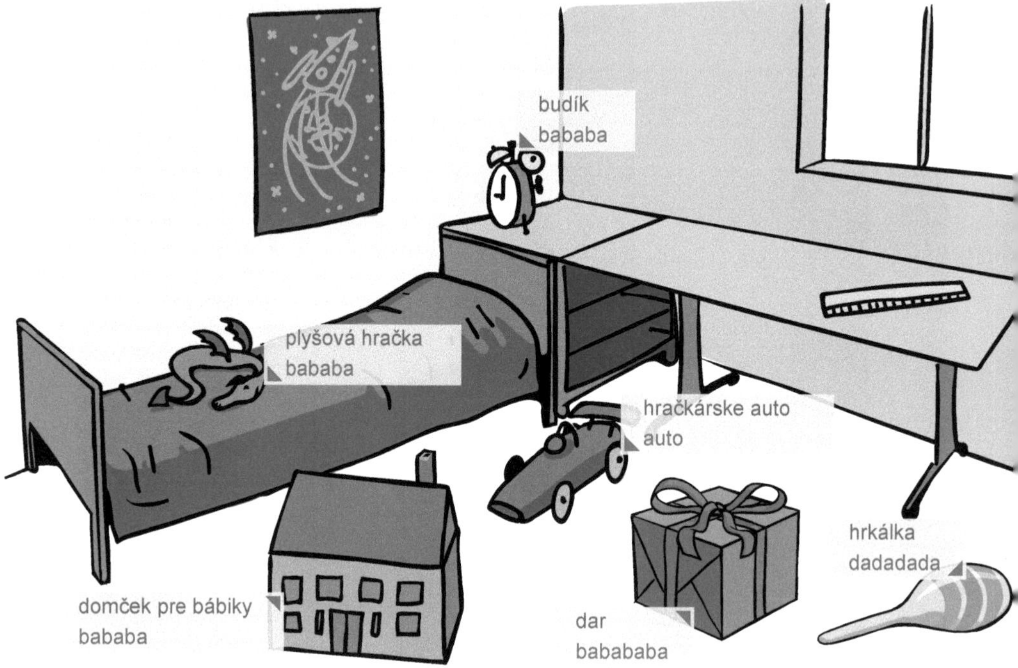

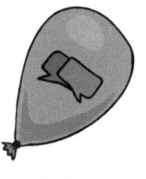

balón

dadadada

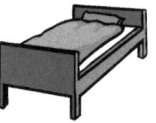

posteľ

heia!

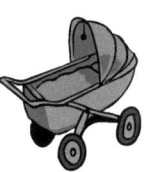

detský kočík

dadaba

karty

dadababa

puzzle

bababa

SUPER
MEGA

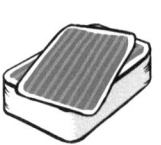

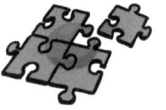

komix

dadababa

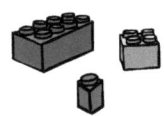

skladačka lego

badada

stavebnica

badada

akčná postavička

dada

dupačky

dadadada

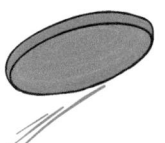

lietajúci tanier

dadaba

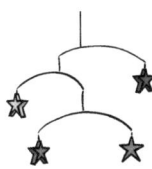

závesné hračky

dadaba

stolová hra

ba

kocka

baba

modelový vláčik

dadababa

cumlík

lula

párty

baba

obrázková kniha

dadaba

lopta

dada

bábika

dada

hrať sa

badada

pieskovisko
dadaba

hojdačka
babababa

hračky
dadababa

hracia konzola
dadaba

trojkolka
babadada

medvedík
dadababa

šatník
dadaba

šatstvo

baba

ponožky
dadadada

pančuchy
ba

pančuchové nohavičky
dada

šál
bababa

dáždnik
bababa

opasok
dadababa

tričko
badada

papuče
baba

čižmy
baba

tenisky
ba

sandále
....
bababa

topánky
....
badada

gumáky
....
dada

spodky
....
ba

podprsenka
....
baba

tielko
....
dadadada

body
....
badada

nohavice
....
ba

džínsy
....
bababa

sukňa
....
dada

blúzka
....
bababa

košeľa
....
dadadada

pulóver
....
baba

sveter
....
baba

blejzer
....
babadada

bunda
....
baba

kabát
....
bababa

pršiplášť
....
dadababa

kostým
....
bababa

šaty
....
ba

svadobné šaty
....
dadaba

oblek
....
dadadada

nočná košeľa
....
babababa

pyžamo
....
heia

sari
....
baba

šatka na hlavu
....
dadadada

turban
....
dada

burka
....
dada

kaftan
....
baba

abaja
....
dadadada

dvojdielne plavky
....
wasa

plavky
....
bababa

šortky
....
dadababa

tepláková súprava
....
babababa

zástera
....
baba

rukavice
....
babababa

gombík
dadaba

okuliare
babadada

náramok
dada

retiazka
dadababa

prsteň
bababa

náušnica
dadababa

čiapka
dada

vešiak
babadada

klobúk
dadababa

kravata
bababa

zips
badada

prilba
dadaba

traky
dada

školská uniforma
babadada

uniforma
bababababa

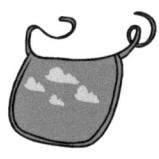

podbradník

namnam

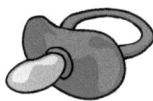

cumlík

lula

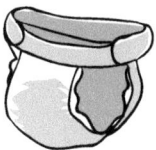

plienka

kaka!

kancelária
baba

server
dadaba
skriňa na spisy
dadababa
tlačiareň
badada
papier
dadadada
monitor
dadadada
myš
baba
písací stôl
ba
zakladač
dadaba
klávesnica
dada
kôš na papier
babadada
počítač
dada
stolička
bababa

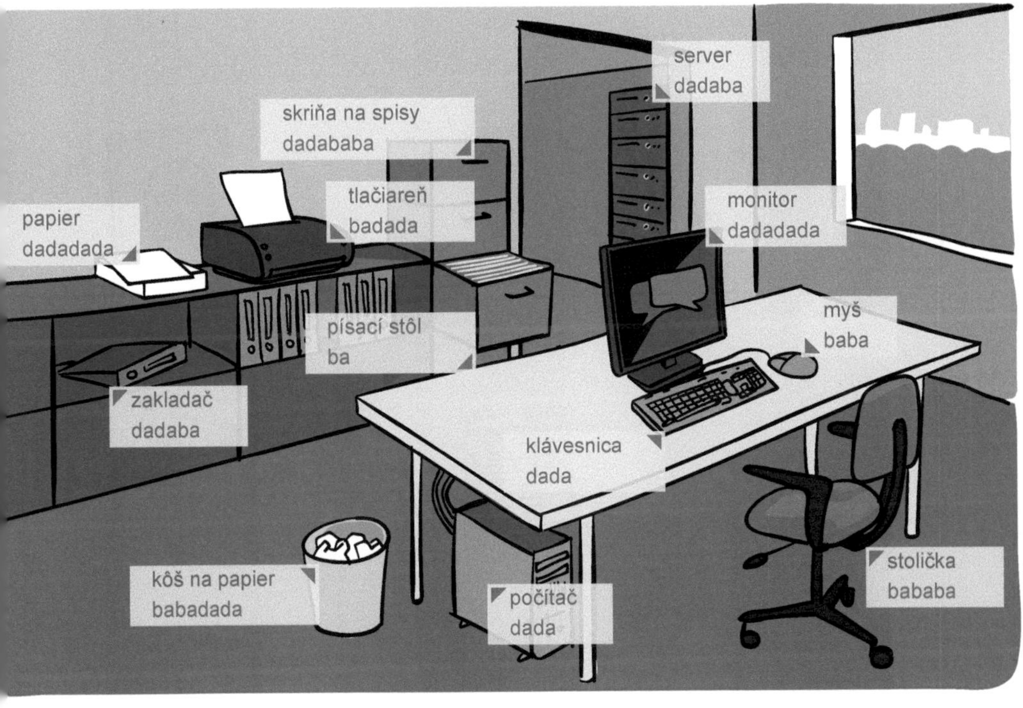

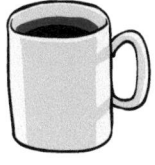

hrnček na kávu

dada

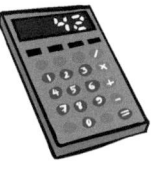

kalkulačka

bababa

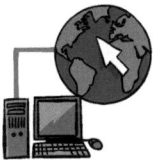

internet

da da

laptop
papa!

list
dadababa

správa
ba

mobil
fon

sieť
bababa

kopírka
ba

softvér
bababa

telefón
dada bing

elektrická zásuvka
aua!

fax
bababa

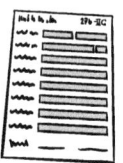

formulár
dadaba

doklad
bababa

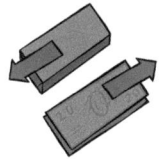

kúpiť
baba

platiť
dadadada

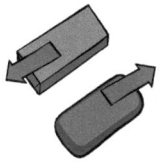

obchodovať
dadaba

peniaze
badada

USD

dolár
babadada

EUR

euro
dadaba

JPY

jen
bababa

RUB

rubeľ
ba

CHF

švajčiarsky frank
dada

CNY

čínsky jüan
dada

INR

rupia
ba

bankomat
ba

zmenáreň	zlato	striebro
dadadada	dadadada	baba

ropa	energia	cena
dadadada	ba	dadadada

		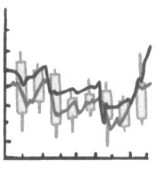
zmluva	daň	akcia
baba	bababa	dadadada

pracovať	zamestnanec	zamestnávateľ
dadaba	dadadada	dadababa

továreň	obchod	
dadaba	ba	

policajt
baba

hasič
dada

kuchár
babababa

lekár
aua!

pilót
bababa

záhradník
bababa

stolár
bababa

krajčírka
baba

sudca
bababa

chemik
dadaba

herec
dadababa

vodič autobusu

ba

taxikár

auto mann

rybár

bababa

upratovačka

dadadada

pokrývač

dadadada

čašník

dadadada

poľovník

badada

maliar

dadadada

pekár

dadababa

elektrikár

papa!

stavebný robotník

babababa

inžinier

bababa

mäsiar

dadababa

klampiar

dadadada

poštár

bababa

vojak

dadadada

architekt

ba

pokladník

dadaba

kvetinár

bababa

kaderník

babadada

sprievodca

bababa

mechanik

dadaba

kapitán

dada

zubár

badada

vedec

ba

rabín

bababa

imám

dadaba

mních

dada

farár

dadadada

náradie
dada

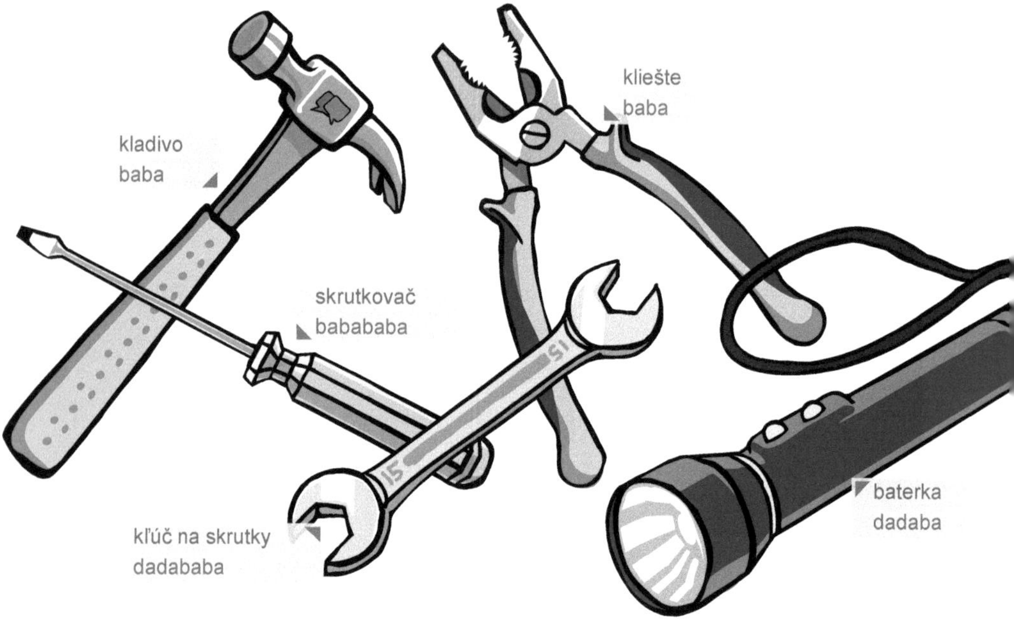
kladivo
baba
kliešte
baba
skrutkovač
babababa
kľúč na skrutky
dadababa
baterka
dadaba

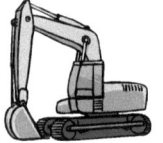

bager

dadaba

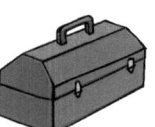

súprava náradia

baba

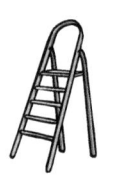

rebrík

babababa

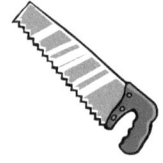

pílka

dadaba

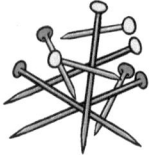

klince

babadada

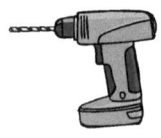

vrták

dada

opraviť
....
dadababa

lopata
....
dada

Do čerta!
....
aua!

lopatka na smeti
....
dada

nádoba s farbou
....
dadaba

skrutky
....
babababa

hudobné nástroje
bababa

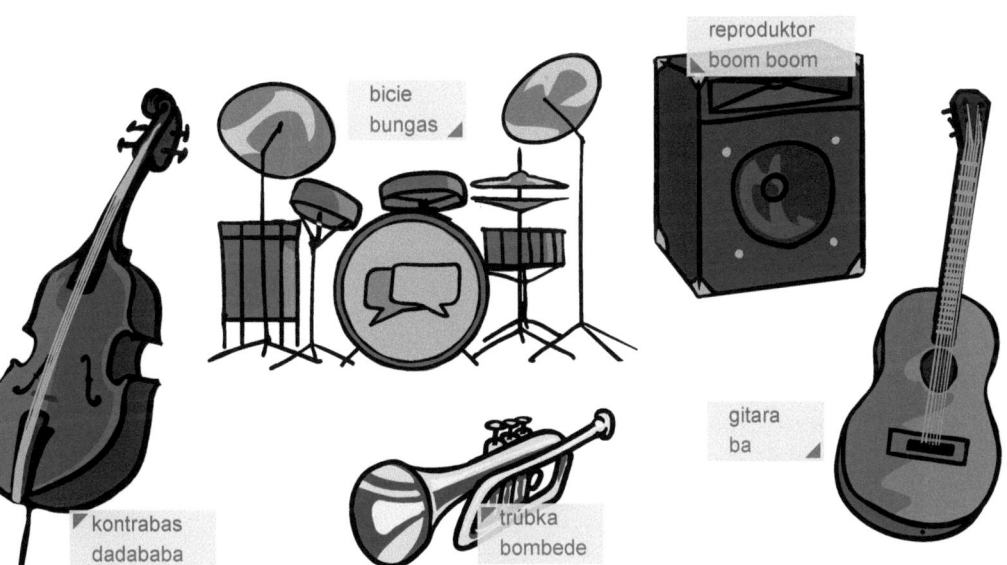

reproduktor
boom boom

bicie
bungas

kontrabas
dadababa

trúbka
bombede

gitara
ba

klavír
bingbing

husle
bababa

basa
ba

tympany
badada

bubon
bunga bunga

klávesnica
badada

saxofón
dadababa

flauta
dadababa

mikrofón
dadadada

ZOO
bababa

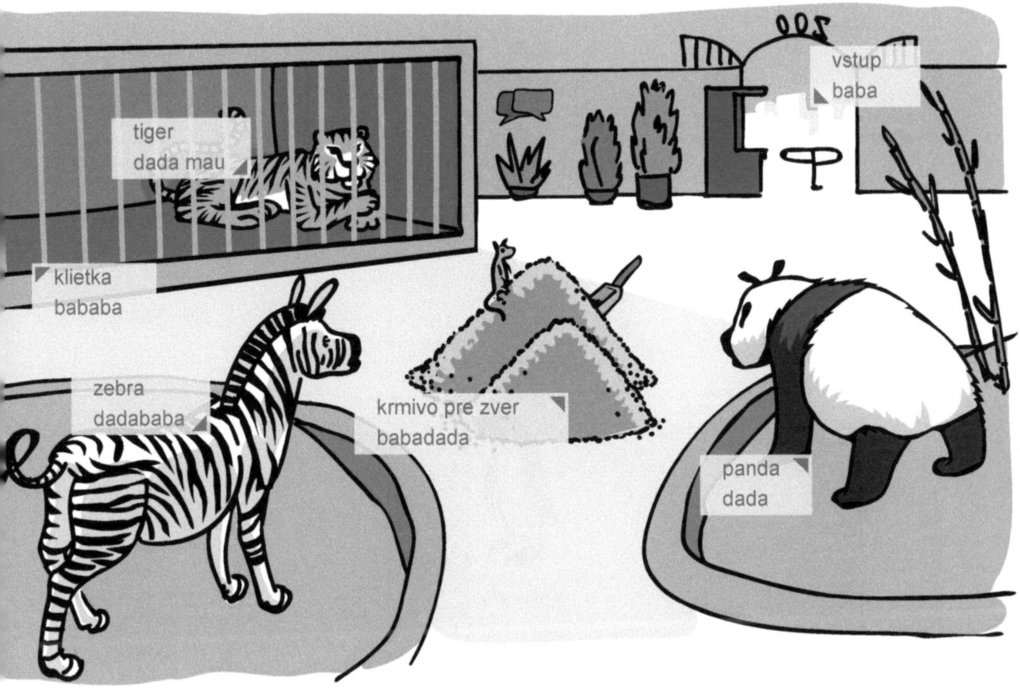

tiger
dada mau
vstup
baba
klietka
bababa
zebra
dadababa
krmivo pre zver
babadada
panda
dada

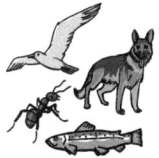

zvieratá

dadadada

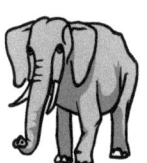

slon

bababa

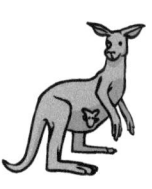

klokan

dadaba

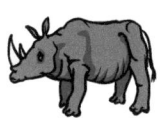

nosorožec

babadada

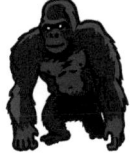

gorila

dada

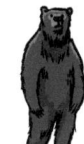

medveď

babababa

ťava
dadaba

pštros
gackgack

lev
babadada

opica
dadaba

plameniak
gackgack

papagáj
bababa

ľadový medveď
bababa

tučniak
dada

žralok
bababa

páv
dadaba

had
badada

krokodíl
babababa

ošetrovateľ v ZOO
dadadada

tuleň
dada

jaguár
bababa

poník

ei!

leopard

dadadada

hroch

dada

žirafa

babababa

orol

bababa

diviak

babadada

ryba

nom nom!

korytnačka

dadadada

mrož

anje

líška

dadadada

gazela

bababa

americký futbal
dadababa

cyklistika
dadaba

tenis
bum bum

basketbal
ball

plávanie
badada

box
aua!

hokej
baba

futbal	bedminton	ľahká atletika
dadadada	badada	dadababa

hádzaná	lyžovanie	pólo
ball	dadadada	baba

skočiť
dada

smiať sa
baba

objať
bababa

chodiť
dada

spievať
dadababa

snívať
dadababa

modliť sa
dadadada

pobozkať
mama!

písať

....

dadaba

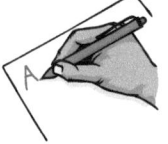

kresliť

....

dada

ukázať

....

dadababa

tlačiť

....

dada

dať

....

badada

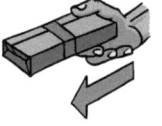

brať

....

dadaba

mať

dadaba

robiť

dadadada

byť

babadada

stáť

dadadada

bežať

baba

ťahať

dadababa

hádzať

dadadada

padnúť

dadaba

ležať

badada

čakať

dadaba

nosiť

bababa

sedieť

ba

obliecť sa

dadababa

spať

heia!

zobudiť sa

bababa

pozerať

bababababa

plakať

baaaaaa

hladkať

dadadada

česať

bababa

hovoriť

bababa

rozumieť

baba

pýtať sa

badada

počuť

dadababa

piť

bababa

jesť

nomnom!

upratať

badada

milovať

ba

variť

badada

jazdiť

dadababa

letieť

dadadada

plachtiť

dadababa

počítať

dadababa

čítať

dadadada

učiť sa

dadababa

pracovať

dadaba

oženiť

baba

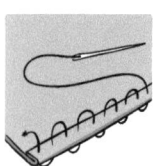

šiť

dada

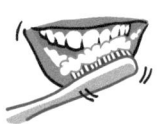

čistiť zuby

aua!

zabiť

aua!

fajčiť

dadababa

poslať

bababababa

rodina
dadababa

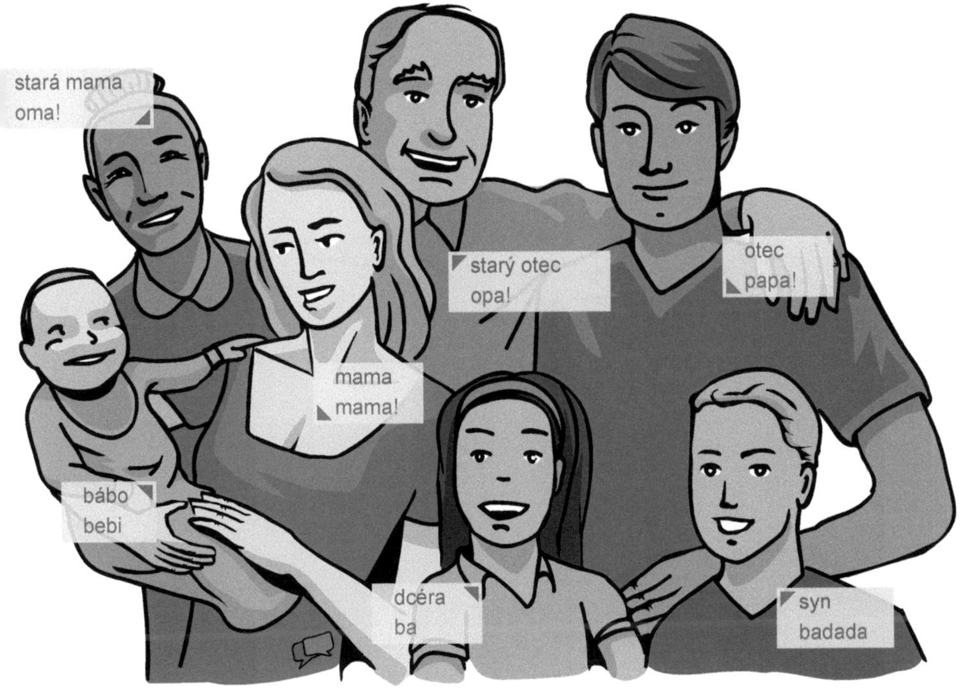
stará mama
oma!
starý otec
opa!
otec
papa!
mama
mama!
bábo
bebi
dcéra
ba
syn
badada

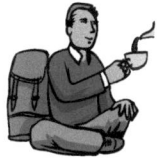

hosť

baba

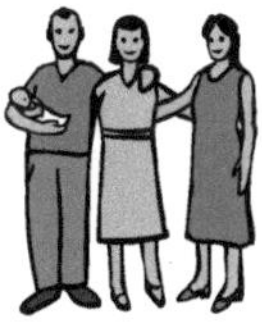

teta

ba

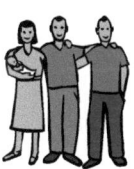

strýko

bababa

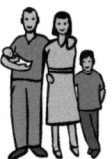

brat

nein!

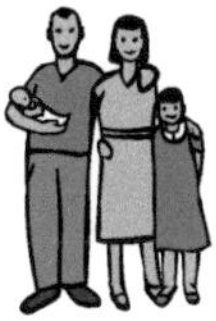

sestra

nein!

telo
dadababa

čelo
bababa
oko
dada
plece
bababa
prst
dada
tvár
dada
brada
dadababa
ruka
baba
hruď
da
noha
dadaba
rameno
bababa

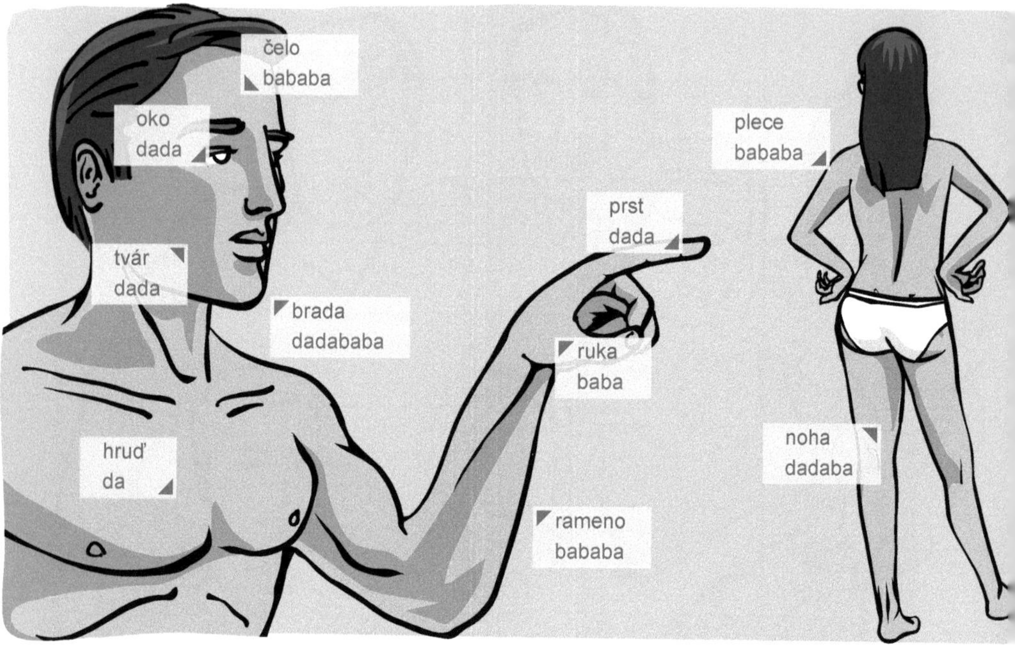

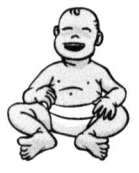

bábo
bebi

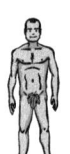

muž
papa!

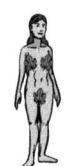

žena
mama

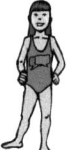

dievča
baba

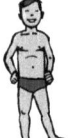

chlapec
babadada

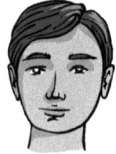

hlava
bababa

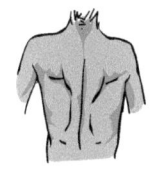

chrbát
baba

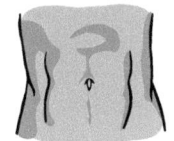

brucho
dadababa

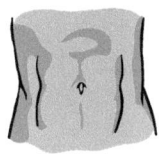

pupok
dada

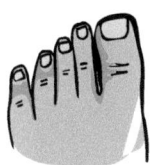

prst na nohe
dadababa

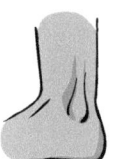

päta
ba

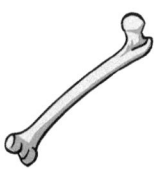

kosť
badada

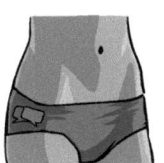

bok
bababa

koleno
dada

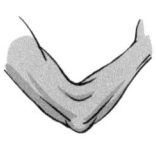

lakeť
dadadada

nos
bababa

zadok
popo

koža
dadaba

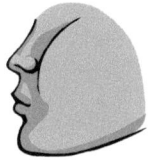

líce
badada

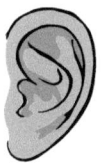

ucho
dada

pery
babababa

ústa
dadababa

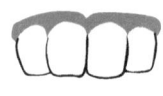

zub
dadadada

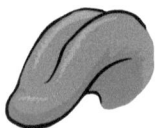

jazyk
baba

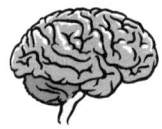

mozog
dadadada

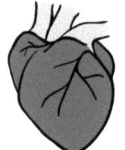

srdce
baba

svaly
dada

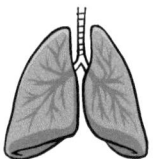

pľúca
dada

pečeň
dada

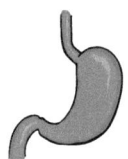

žalúdok
dadababa

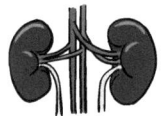

obličky
dadaba

pohlavný styk
babadada

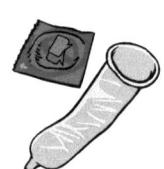

kondóm
dada

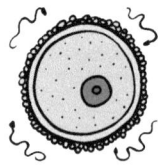

vaječná bunka
badada

semeno
dadababa

tehotenstvo
dadababa

telo - dadababa

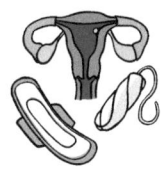

menštruácia

ba

vagína

mumu

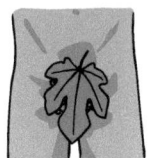

penis

pipi

obočie

dada

vlasy

dadababa

krk

bababa

nemocnica
aua!

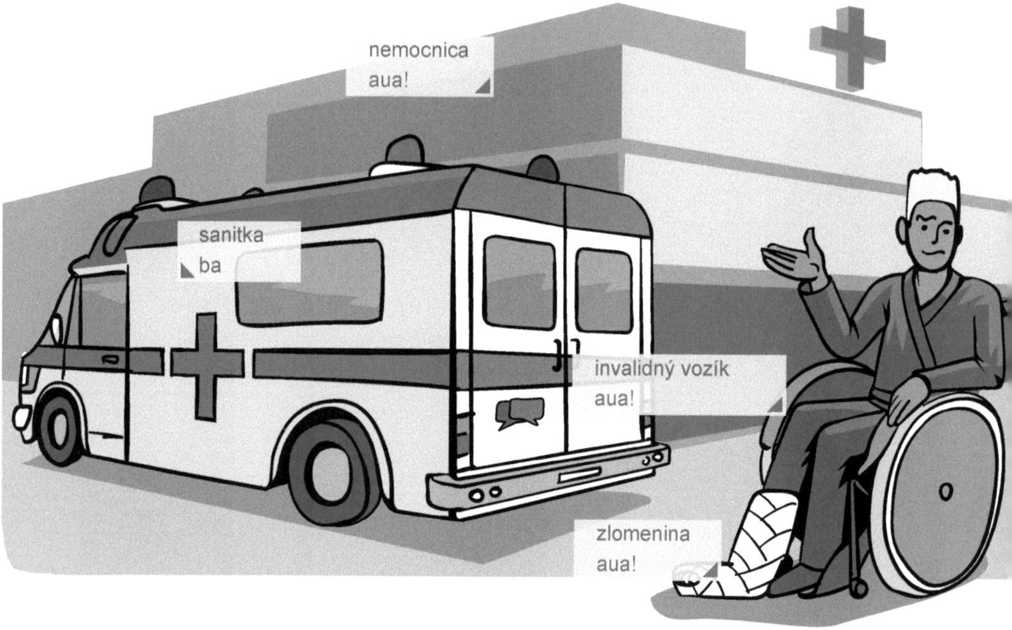

sanitka
ba

invalidný vozík
aua!

zlomenina
aua!

lekár
aua!

urgentný príjem
aua!

sestrička
aua!

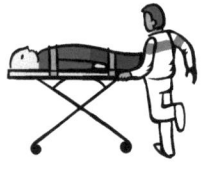

urgentný prípad
aua!

v bezvedomí
aua!

bolesť
dadababa

zranenie

aua!

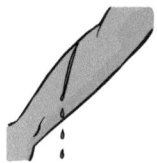

krvácanie

dadadada

srdcový infarkt

aua!

mozgová porážka

aua!

alergia

dadababa

kašeľ

aua!

teplota

aua!

chrípka

aua!

hnačka

aua!

bolesť hlavy

aua!

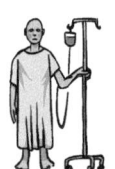

rakovina

aua!

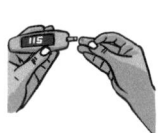

cukrovka

aua!

chirurg

aua!

skalpel

aua!

operácia

aua!

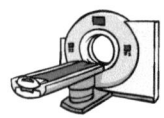

CT
....
aua!

RTG
....
aua!

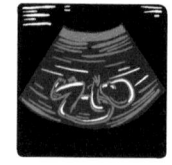

ultrazvuk
....
aua!

maska
....
aua!

choroba
....
aua!

čakáreň
....
aua!

barla
....
aua!

náplasť
....
aua!

obväz
....
dadababa

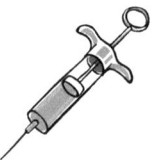

injekcia
....
aua!

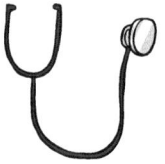

fonendoskop
....
aua!

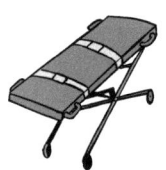

nosidlá
....
aua!

teplomer
....
aua!

pôrod
....
aua! bebi!

nadváha
....
aua!

audiofón
aua!

dezinfekčný prostriedok
aua!

infekcia
aua!

vírus
aua!

HIV / AIDS
aua!

medicína
aua!

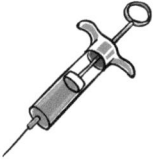

očkovanie
aua!

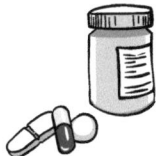

tabletky
aua!

antikoncepčná pilulka
dadaba

tiesňové volanie
aua!

tlakomer
aua!

chorý / zdravý
da / ba

Pomoc!

aua!

alarm

aua!

prepad

aua!

útok

aua!

nebezpečenstvo

aua!

núdzový východ

dadadada

Horí!

dadaba

hasičský prístroj

dadaba

nehoda

aua! aua!

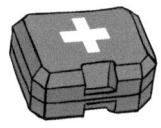

kufrík prvej pomoci

aua!

SOS

baba

polícia

dadadada

Európa
....
badada

Severná Amerika
....
dadaba

Južná Amerika
....
dadababa

Afrika
....
dadaba

Ázia
....
dadaba

Austrália
....
babababa

Atlantický oceán
....
badada

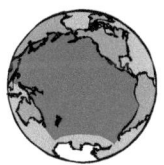

Tichý oceán
....
dadaba

Indický oceán
....
baba

Južný oceán
....
bababa

Severný ľadový oceán
....
dadababa

Severný pól
....
bababa

Južný pól
....
dadababa

Antarktída
....
dadaba

Zem
....
dada

krajina
....
dadaba

more
....
badada

ostrov
....
dadadada

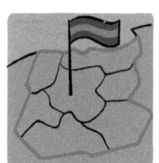

národ
....
dadadada

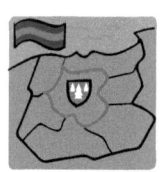

štát
....
dadababa

ciferník

baba

hodinová ručička

babadada

minútová ručička

baba

sekundová ručička

bababa

Koľko je hodín?

dadababa

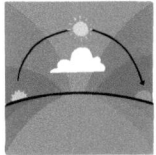

deň

babadada

čas

dada

teraz

baba

digitálne hodiny

dadababa

minúta

dadababa

hodina

bababa

týždeň

babadada

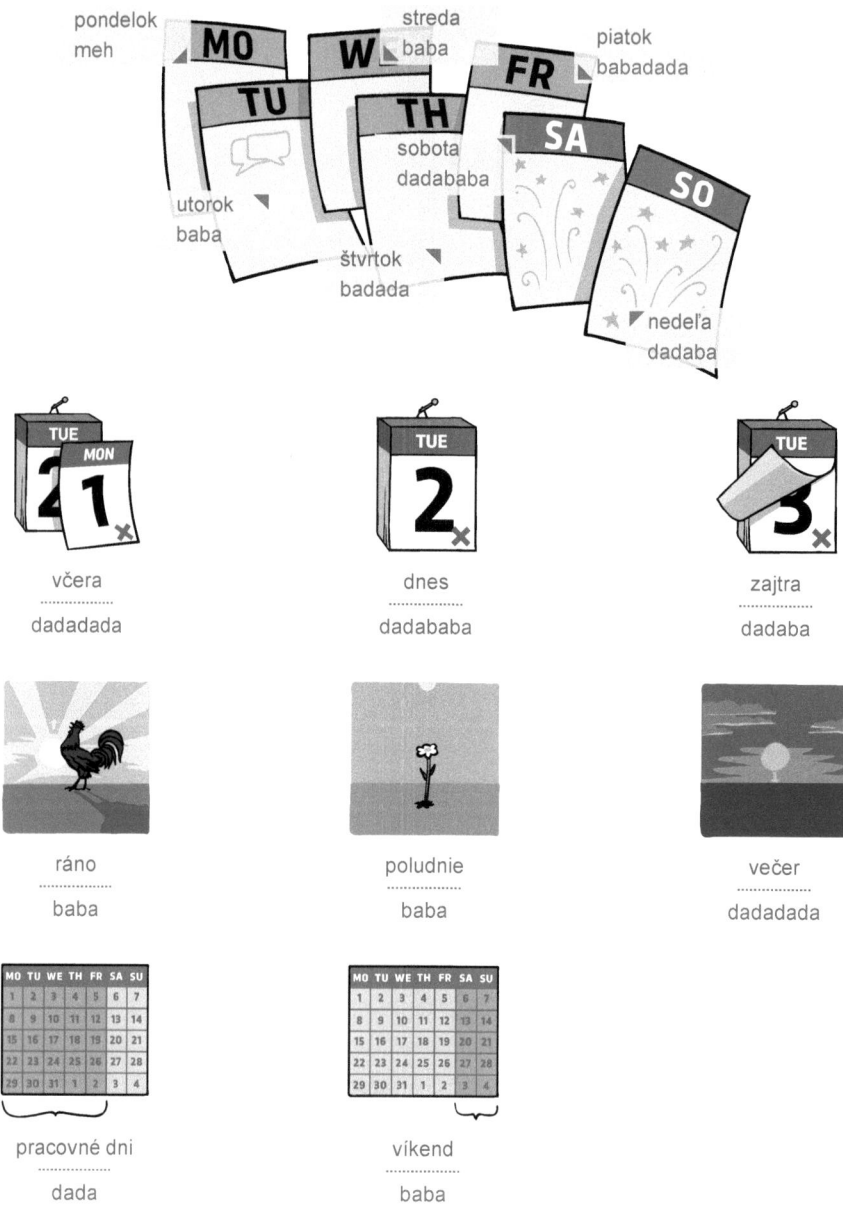

pondelok
meh
MO

TU

utorok
baba

W
streda
baba

TH

FR
piatok
babadada

SA

sobota
dadababa

SO

štvrtok
badada

nedeľa
dadaba

TUE **MON**
2 1
včera
....
dadadada

TUE
2
dnes
....
dadababa

TUE
3
zajtra
....
dadaba

ráno
....
baba

poludnie
....
baba

večer
....
dadadada

MO	TU	WE	TH	FR	SA	SU
1	2	3	4	5	6	7
8	9	10	11	12	13	14
15	16	17	18	19	20	21
22	23	24	25	26	27	28
29	30	31	1	2	3	4

pracovné dni
....
dada

MO	TU	WE	TH	FR	SA	SU
1	2	3	4	5	6	7
8	9	10	11	12	13	14
15	16	17	18	19	20	21
22	23	24	25	26	27	28
29	30	31	1	2	3	4

víkend
....
baba

dáždž
dadababa

dúha
dadaba

vietor
dadadada

sneh
kalt

jar
dadadada

leto
badada

jeseň
bababa

zima
kalt

predpoveď počasia
....
dadababa

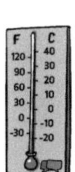

teplomer
....
bababa

slnečný svit
....
ba

oblak
....
baba

hmla
....
dadadada

vlhkosť vzduchu
....
dada

blesk

dadababa

hrom

dada

búrka

badada

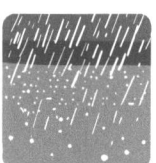

krúpy

dadababa

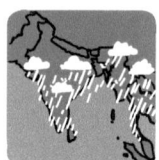

monzún

bababa

záplava

dadaba

ľad

dadadada

január

dadaba

február

dadaba

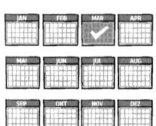

marec

bababa

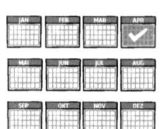

apríl

dadadada

máj

dadadada

jún

babababa

júl

baba

august

bababa

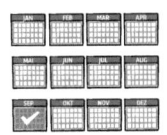

september
....
dadadada

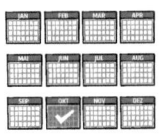

október
....
badada

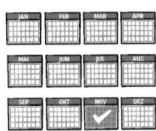

november
....
dadababa

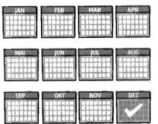

december
....
baba

tvary
dadababa

kruh
....
baba

štvorec
....
badada

obdĺžnik
....
dadababa

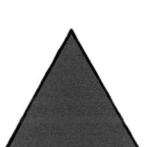

trojuholník
....
babababa

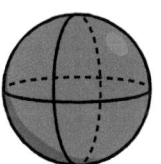

guľa
....
dadadada

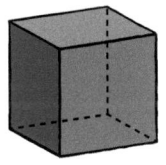

kocka
....
babababa

biela
....
dadababa

žltá
....
babababa

oranžová
....
baba

ružová
....
dadadada

červená
....
babadada

fialová
....
dadababa

modrá
....
dadadada

zelená
....
ba

hnedá
....
baba

šedá
....
bababa

čierna
....
badada

veľa / málo
....
da / ba

zúrivý / pokojný
....
da / ba

pekný / škaredý
....
da / ba

začiatok / koniec
....
da / ba

veľký / malý
....
da / ba

svetlý / tmavý
....
da / ba

brat / sestra
....
da / ba

čistý / špinavý
....
da / ba

úplný / neúplný
....
da / bada

deň / noc
....
da / ba

mŕtvy / živý
....
da / ba

široký / úzky
....
da / ba

chutný / nechutný
....
da / ba

zlostný / láskavý
....
da / ba

vzrušený / unudený
....
ba / ba

tlstý / chudý
....
da / ba

prvý / posledný
....
ba / ba

priateľ / nepriateľ
....
da / bada

plný / prázdny
....
da / ba

tvrdý / mäkký
....
da / ba

ťažký / ľahký
....
da / ba

hlad / smäd
....
da / bada

chorý / zdravý
....
da / ba

nelegálny / legálny
....
da / ba

inteligentný / hlúpy
....
da / ba

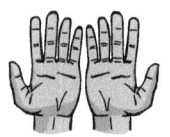

vľavo / vpravo
....
ba / ba

blízko / ďaleko
....
da / ba

nový / použitý

da / bada

nič / niečo

da / ba

starý / mladý

ba / ba

zapnuté / vypnuté

da / ba

otvorené / zatvorené

da / ba

tichý / hlasný

da / ba

bohatý / chudobný

ba / ba

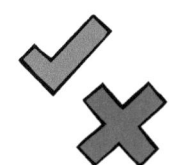

správne / nesprávne

da / ba

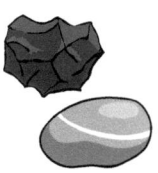

drsný / hladký

da / ba

smutný / šťastný

ba / ba

krátky / dlhý

da / ba

pomaly / rýchlo

da / ba

mokrý / suchý

da / bada

teplý / studený

da / bada

vojna / mier

da / ba

protiklady - dadadada

0

nula

dada

1

jeden

a

2

dva

ba

3

tri

da ba da

4

štyri

badabada

5

päť

dadababa

6

šesť

dadaba

7

sedem

badada

8

osem

dadababa

9

deväť

dadaba

10

desať

dadadada

11

jedenásť

badada

12
dvanásť
baba

13
trinásť
bababa

14
štrnásť
baba

15
pätnásť
babadada

16
šestnásť
dadababa

17
sedemnásť
babababa

18
osemnásť
dadababa

19
devätnásť
bababa

20
dvadsať
dadababa

100
sto
baba

1.000
tisíc
baba

1.000.000
milión
dadababa

angličtina

baba

americká angličtina

babadada

mandarínska čínština

dadababa

hindčina

ba

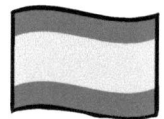

španielčina

badada

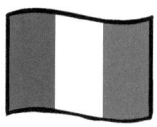

francúzština

ohlala

arabčina

babadada

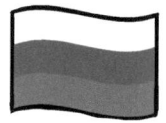

ruština

dadaba

portugalčina

dada

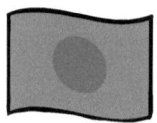

bengálčina

dadadada

nemčina

badada

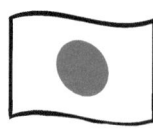

japončina

dadadada

ja

a

ty

dadadada

♂ ♀ ○

on/ona/ono

da / da / da

my

o ba ma

vy

babababa

oni

baba

kto?

dadadada

čo?

dadadada

ako?

baba

kde?

babababa

kedy?

babadada

meno

dadaba

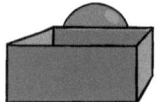

za
....
baba

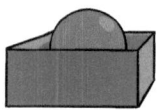

v
....
dadaba

pred
....
baba

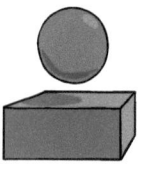

nad
....
ba

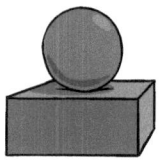

na
....
baba

pod
....
dadababa

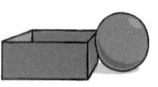

vedľa
....
babababa

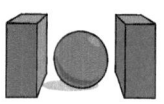

medzi
....
ba

miesto
....
dada